Sommario

60 Poesie d'Amore in Italiano: La Collezione più Bella di Poesie al Mondo

Josyie Anifka

"Ti amo non solo per quello che sei, ma per quello che sono quando sono con te" - ***Elizabeth Barrett Browning***

Prefazione

Nel silenzio della notte, quando il cuore batte forte e l'anima cerca il suo complemento, le parole diventano versi e i versi diventano l'espressione più pura dell'amore.

Immagina un luogo dove i sentimenti più profondi e puri si trasformano in parole che toccano l'anima e il cuore. Questo luogo esiste ed è l'universo della poesia. In questo libro, "60 Poesie d'Amore in Italiano: La Più Bella Collezione di Poesie del Mondo", troverai una raccolta delle poesie d'amore più belle ed emozionanti mai scritte.

Ogni poesia è un gioiello letterario che ti farà sentire la passione, la tenerezza, la nostalgia e la felicità che solo l'amore può risvegliare.

Questa raccolta ti porterà in un viaggio attraverso i secoli, scoprendo la bellezza della poesia in tutte le sue manifestazioni. Qui troverai versi che ti ispireranno, che ti commuoveranno e che ti faranno sognare l'amore vero. Preparati a lasciarti trasportare dalla passione delle parole e ad immergerti nel mondo più sublime della poesia. Questa è senza dubbio la più bella collezione di poesie del mondo.

Contenuto

Principessa Yosire

Nell'antica città delle anime,
viveva una principessa di incomparabile bellezza,
si chiamava Yosire e il suo cuore batteva,
alla ricerca di un amore vero e indimenticabile.
Fu così che Asirm incrociò il suo cammino,
un uomo coraggioso e appassionato,
che gli ha promesso amore eterno e sincero,
E lei, senza pensarci due volte, lo amò con tutta se stessa.
Si è lasciato alle spalle una vita di lusso e ricchezza,
e con il suo amato partì per le remote terre di Yaneh,
dove hanno costruito una casa semplice ma amorevole,
e vivevano felici nonostante le carenze e le difficoltà.
Nonostante le critiche e la disapprovazione della sua famiglia,
Yosire ha seguito il suo cuore e ha combattuto per il suo amore senza paura,
e sebbene non sia mai tornato nell'antica città delle anime,
La loro storia è stata scritta nei libri d'amore con grande onore.
E così, la principessa di Yaneh, visse felicemente e amò,
in una casa piena di amore e felicità,
dimostrando che il vero amore,
è più forte di qualsiasi ricchezza o vanità.
Quindi, se in qualsiasi momento sentite che l'amore vi sta chiamando,
seguirlo con coraggio e senza paura,
perché, come la principessa Yosire, anche voi potete trovare,
un amore puro e reale che vi riempie di felicità e amore.

Due anime unite

In una terra piena di pericoli e paure,
due guerrieri si amavano con forza e candore,
ma il destino li avrebbe separati per sempre,
in un addio pieno di dolore e sofferenza.
Lui, un guerriero forte e coraggioso,
Doveva partire per un universo lontano e ostile,
per combattere bestie gigantesche e potenti,
per proteggere la popolazione e salvare vite preziose.
Lei, una guerriera con coraggio e determinazione,
Doveva rimanere per proteggere la sua casa e la sua nazione,
ma il suo cuore si stava spezzando in mille pezzi,
sapendo che il suo amato sarebbe stato presto lontano.
Si abbracciarono strettamente, i loro corpi tremavano,
e mentre le sue lacrime cadevano, il tempo accelerava,
Lui doveva andarsene e lei doveva restare,
in un addio che non potranno mai dimenticare.
Un bacio d'addio li ha uniti per l'ultima volta,
e mentre i loro corpi si allontanavano, il loro amore non è mai morto,
perché il vero amore è più grande di qualsiasi universo,
e sarebbe sempre rimasto, forte ed eterno, come il sole.
Ha combattuto con coraggio in quell'universo sconosciuto,
e anche se non è mai tornato, il loro amore è sempre rimasto vivo,
e ha protetto il suo mondo con forza e passione,
sapendo che il suo amato sarebbe stato sempre nel suo cuore.

L'amore nel tempo

In una notte di cielo buio,
due giovani si amavano ardentemente,
e anche se sapevano che presto si sarebbero separati,
Il loro amore sarebbe durato per sempre, lo sapevano.
Lui, un viaggiatore dello spazio e del tempo,
sarebbe presto partito per un altro universo,
nella sua astronave sarebbe salpato,
in un luogo dove i sogni non fioriscono.
Lei, con il cuore spezzato e le lacrime agli occhi,
Sapevo che presto avrei dovuto dirgli addio,
ma la baciò teneramente e appassionatamente,
promettendo che l'avrebbe sempre amata, senza condizioni.
La nave decollò e lei la guardò partire,
sapendo che il suo amore non sarebbe più stato qui,
ma nel suo cuore conservava la speranza,
che un giorno sarebbero stati di nuovo insieme, in una danza.
Tuttavia, il destino aveva altri piani,
e non la vide mai più,
ma il loro amore è durato nel tempo,
e morì con il cuore pieno di sentimenti.
In una dimensione in cui i sogni non fioriscono,
aspettava il suo ritorno, nell'eterna distanza,
e anche se il tempo passava e lui non tornava più,
il loro amore era inciso nel suo cuore, per sempre, come il sole.

Incondizionato

Nell'antica terra degli Inca,
un giovane guerriero si innamorò,
di una fanciulla nobile e bella,
che il suo cuore ha conquistato con il suo sorriso.
Ma le loro famiglie non lo avrebbero permesso,
perché doveva sposare un nobile,
ed era solo un guerriero coraggioso,
con un cuore d'oro e nobile.
Tuttavia, si sono giurati amore eterno l'uno per l'altra,
in cima a una montagna delle Ande,
e ha giurato di combattere contro il mondo intero,
per rimanere insieme per sempre.
Ma la vita a volte è crudele,
e la guerra li ha separati per anni,
e anche se stava ancora aspettando,
è stato abbandonato come morto nelle pianure.
Il dolore provato dalla fanciulla,
era più profondo dell'abisso,
e ogni notte piangevo la sua assenza,
desiderano con tutte le loro forze il suo ritorno.
Ma un giorno arrivò la notizia,
che il suo amore era morto in battaglia,
e il suo cuore si spezzò in mille pezzi,
sapendo che non l'avrei mai più rivisto.
La cameriera morì poco dopo,
sopraffatto dal dolore e dalla tristezza,
e il suo nome è stato inciso sulla sua tomba,

come tributo al loro amore e alla loro bellezza.
Così è stato per il guerriero e la fanciulla,
hanno vissuto un amore impossibile sulle Ande,
un amore che trascendeva il tempo e la morte,
e che ancora oggi è leggendario e grandioso.

Un dolore al cuore

Amore struggente, dolore bruciante,
cuore tradito, anima in pena.
Anche se ti amo ancora, so che non si può tornare indietro,
il mio cuore in frantumi non avrebbe più retto.
Il ricordo dei tuoi baci e delle tue carezze mi fa piangere,
Sapere che non sono più il proprietario del tuo amore mi fa sanguinare.
Il dolore nella mia anima è così intenso che vorrei scomparire,
ma non posso dimenticare ciò che ho amato un tempo.
Un altro che ti bacia le labbra, un altro che ti accarezza la pelle,
il mio cuore spezzato non può sopportare questo ruolo crudele.
So che non siamo più una cosa sola, che l'amore che ci univa è scomparso,
ma il mio cuore batte ancora per te, anche se si sente distrutto.
Amore struggente, dolore bruciante,
cuore tradito, anima in pena.
Anche se ti amo ancora, so che è ora di andare,
per lasciarsi alle spalle questa sofferenza, per cercare una nuova vita.

Non c'è più bisogno di combattere

Nel mio petto, un vuoto profondo,
una ferita aperta, un cuore spezzato,
il dolore di sapere che l'amore non c'è più,
che i miei sogni sono svaniti.
Ti ho dato la mia anima e tutto il mio essere,
Ti ho amato con tutta la mia forza e il mio desiderio,
ma ora il mio mondo è in lutto,
la mia anima in lacrime, il mio cuore in lutto.
Non riesco a capire perché mi hai mentito,
perché hai giocato con il mio amore e la mia esistenza,
Era per piacere o per divertimento?
Non ti è dispiaciuto farmi soffrire?
Il dolore mi consuma, mi ferisce dentro,
Le lacrime scorrono, non riesco a fermarle,
il mio corpo trema, la mia anima è abbandonata,
la mia mente impazzisce, il mio cuore si spegne.
Non c'è consolazione per il mio dolore e la mia tristezza,
non resta che accettare che l'amore se ne sia andato,
che il mio mondo è diventato buio e freddo,
che il mio cuore non batte più per te.
Così finisce la mia triste storia d'amore,
così la mia anima si è frantumata in pezzi,
Non resta che andare avanti con coraggio,
sapendo che l'amore tornerà.

Cuore spezzato

Nelle foreste di Tenochtitlan,
si sente il grido di un uomo senza amore,
che ha perso la sua fanciulla perché era povera e senza valore,
e ora si ritrova tra le braccia di un altro uomo, e nella passione.

Il suo cuore è in fiamme,
la tristezza lo consuma,
prova il dolore più profondo mai provato,
di un amore mai ricambiato.
Ma lei è l'unica che ama,
non può amare nessun altro,
e vederla tra le braccia di un altro essere,
lo porta alle lacrime.
Il fuoco nel suo petto brucia,
cerca di vendicarsi dell'imperatore,
per avergli portato via ciò che amava di più,
per avergli portato via il suo piccolo amore.
Ma sa che la vendetta non lo sazierà,
non gli restituirà la sua fanciulla,
il dolore è ancora presente,
e continuerà a piangere nelle foreste di Tenochtitlan.
La tristezza e lo strazio lo accompagnano,
un cuore spezzato e doloroso,
alla ricerca di un modo per guarire,
ma sapendo che il loro amore è impossibile.
Nelle foreste di Tenochtitlan,
si sente il grido di un uomo senza amore,

che ha perso la sua fanciulla perché era povera e senza valore,
e ora si ritrova a donare il suo cuore.

Un amore senza barriere

Al tempo dei Settecento anni,

due giovani si amavano con grande fervore,

ma il loro amore fu proibito dall'imperatore,

che voleva darla in sposa per possedere il suo amore.

Lui, un giovane umile con un cuore nobile e puro,

Non aveva ricchezze o titoli da ostentare,

ma il suo amore per lei era più forte dell'oro,

e lotterei contro il mondo intero per amarla.

Lei, una giovane donna bella e coraggiosa,

non voleva sposare l'imperatore senza amore,

e anche se sapeva che avrebbero combattuto contro di lui,

Il suo cuore le chiedeva di stare con colui che la rendeva felice, senza paura.

Insieme fuggirono nella notte, nell'oscurità,

attraversando fiumi e montagne, in cerca di libertà,

Ma l'imperatore non si sarebbe arreso così facilmente,

e il suo esercito li inseguirono, senza sosta.

In una battaglia epica, hanno combattuto per il loro amore,

lui con la sua spada, lei con il suo arco e il suo coraggio,

ma nonostante il loro coraggio, furono sconfitti,

e l'imperatore li colse, pieno di odio e di rancore.

Imprigionati, sapevano che la loro fine era vicina,

ma il loro amore era più forte di qualsiasi barriera,

hanno promesso di amarsi per sempre, qualunque cosa accada,

e nei loro cuori nutrivano la speranza di un ricongiungimento, un giorno, nell'eternità.

E così, in una notte fredda e buia,

10

i due giovani amanti morirono con la loro pura passione,
in un amore che avrebbe superato le barriere del tempo,
e la loro storia sarebbe stata raccontata per sempre, come un poema
epico e sublime.

Incendio interno

L'amore è un fuoco che brucia senza pietà,
che consuma tutto ciò che incontra sul suo cammino,
e anche se siete un essere di grandi capacità,
ti trasforma in un pazzo d'amore.
Non importa quanto siete forti nella vostra mente,
né quanto potere avete nelle vostre mani,
quando l'amore bussa alla tua porta infuocata,
vi rende deboli e vi rende più umani.
La vostra intelligenza svanisce in un istante,
la vostra logica si perde nella nebulosa del desiderio,
e si diventa amanti folli,
disposto a fare qualsiasi cosa per quel desiderio.
Non ci sono limiti all'amore che provate,
nessuna sanità mentale che possa fermare la sua avanzata,
Possiamo solo seguire il flusso,
che vi porta alla follia e alla passione più intensa.
Non abbiate quindi paura di fare qualche pazzia,
se l'amore bussa alla vostra porta con forza,
perché solo così potrete scoprire il tesoro,
dietro questa immensa follia.

Un amore forte è come un uragano,
che devasta senza pietà tutto ciò che incontra sul suo cammino,
e ti fa sentire come una burrasca,
che vi trascina nella passione più intensa e ineguagliabile.
È un fuoco che arde nel cuore,
e vi consuma fino all'ultima curva,
che ti fa perdere la testa,

e vi spinge alla follia e all'ossessione.
Ma nonostante l'intensità,
possono anche essere dolci e teneri,
e riempire la vostra vita di felicità,
e diventare un essere eterno.
È un sentimento che non conosce limiti,
e questo vi rende capaci di superare gli ostacoli,
e lottare contro tutto ciò che ci ostacola,
perché l'amore forte è indistruttibile.
Lasciatevi quindi trasportare da quella burrasca,
che vi porta all'apice della felicità,
e non abbiate paura di dare voi stessi senza eguali,
a quell'amore forte che vi fa vibrare.

Non andare mio

In un mondo di ombre e misteri,

dove la morte è in agguato,

due anime si amavano alla follia,

indipendentemente dal destino che li attendeva in quota.

Lei, una giovane donna nobile e bella,

lui, un guerriero coraggioso che ha combattuto con gloria,

Insieme hanno sfidato gli dei e il destino,

abbracciandosi l'un l'altro nella certezza che il loro amore fosse autentico.

Ma il tempo non perdona mai,

e la malattia lo consumava senza sosta,

lasciando la fanciulla nell'incertezza,

e il suo amato, condannato a morte.

Si è aggrappata alla speranza,

che combatte con tutte le sue forze per il suo amato,

reclamando i cieli per la loro ingiustizia,

e implorava una cura che potesse salvarlo.

Ma la morte non fa eccezioni,

e l'ora della partenza arrivò senza pietà,

lasciando un vuoto incolmabile nel suo cuore,

e un immenso dolore nell'anima.

Così, in quei giorni bui e difficili,

la fanciulla dovette lasciare andare il suo amato,

con il cuore spezzato e l'anima dolorante,

ma sapendo che il loro amore continuerà a vivere nel suo ricordo.

E così fu, anche se gli anni passarono senza fretta,

e la vita continuava ad andare avanti,

l'amore dei due amanti nel Medioevo,

14

non ha mai smesso di bruciare nell'eterna fiamma della bellezza.

Essere in grado di

Al tempo dei cavalieri e delle dame,

in un mondo pieno di coraggio e di imprese,

un giovane gentiluomo si innamorò perdutamente,

di una bella signora, con uno sguardo seducente e una mente intelligente.

Lui, pronto a fare qualsiasi cosa per amore di lei,

Combatterei contro il mondo intero, senza paura,

e lei, affascinata dal coraggio e dalla lealtà di lui,

Si è dato al suo amore, senza riserve o malizia.

Ma un giorno una crudele tragedia li separò,

e fu rapita da un nemico spietato,

lui, pieno di dolore e di disperazione,

ha giurato di trovarla e liberarla, senza esitazione.

Inizia così la sua odissea, la sua instancabile ricerca,

viaggiando attraverso terre lontane e pericoli inimmaginabili,

Nel suo cammino, ha affrontato mostri e draghi,

e sempre, nel suo cuore, l'amore per la sua amata batteva come una canzone.

Non c'era ostacolo che potesse fermarlo,

Nessuna creatura lo farebbe tornare indietro, per quanto terribile possa essere,

Era ancora avanti, con la spada e lo scudo,

e l'immagine della sua amata, come faro nel suo mondo.

Lungo il cammino, ha trovato alleati e nemici,

e in ogni battaglia ha dimostrato il suo coraggio e la sua bravura,

finché alla fine, dopo anni di lotte,

arrivò al castello dove era imprigionata la sua amata, in cima a una montagna ripida e dura.

Lì sfidò il nemico con tutte le sue forze,

e si batté con lui, come un leone a caccia,

fino a quando, finalmente, con l'ultima spinta,

ha sconfitto il maligno e ha salvato la sua amata.

Insieme, tornarono a casa, vittoriosi e trionfanti,

e il loro amore è stato più forte di qualsiasi avversità,

perché nel loro cuore sapevano di essere destinati,

per stare insieme per sempre, nella felicità e nella fedeltà.

E così la sua storia è diventata una leggenda,

una poesia d'amore e di coraggio, che trascende il tempo e l'eternità,

e nei cuori di coloro che amano veramente,

ci sarà sempre un pezzo di quella storia, di quell'amore impareggiabile, di quella realtà.

Non ti dimenticherò mai

Nel freddo della notte,
il mio cuore batte forte,
sentendo la tristezza che mi consuma,
e il dolore di aver perso la mia amata.
Nelle notti senza stelle,
Ricordo l'amore che c'era una volta,
e il vuoto lasciato dalla sua partenza,
è un peso che non riesco a sopportare.
Cerco invano una risposta,
una spiegazione per la sua partenza,
ma tutto ciò che ho è il silenzio,
e il dolore di sapere che non c'è più.
I ricordi mi inondano,
il tempo sembra un'eternità,
e ogni secondo senza,
è un colpo al cuore, una ferita che non si rimargina.
Nella mia solitudine mi perdo,
alla ricerca di una luce che mi guidi,
ma trovo solo oscurità,
e il vuoto di un cuore spezzato.
Nel freddo della notte,
il mio cuore batte forte,
sentendo la tristezza che mi consuma,
e il dolore di aver perso il mio amato.

Il Nobile Principe

C'era un principe in Persia,
di sangue nobile e cuore coraggioso,
ma il suo amore per una spacciatrice,
ha cambiato il suo destino in modo sorprendente.
Si chiamava Nabia e la sua bellezza affascinò il principe,
che si innamorò profondamente di lei,
e nonostante i consigli e gli avvertimenti dei suoi sudditi,
decise di rinunciare alla sua successione come re.
Suo padre, il re Assuero, non riusciva a capire,
come un principe possa rinunciare al suo diritto al trono,
e cercò di imprigionarlo per disobbedienza,
ma il principe era già partito per le lontane Indie.
Lì, in una terra sconosciuta ed esotica,
ha trovato la sua amata e ha iniziato una nuova vita,
lasciandomi alle spalle tutto ciò che avevo conosciuto,
di stare con la donna che lo aveva conquistato.
E sebbene non sia mai tornato nella sua patria e sul suo trono,
viveva felicemente con Nabia, la sua principessa dei vasi,
e fu ricordato come un eroe leggendario,
che ha rinunciato a tutto per l'amore e la libertà.

Poema sumero

C'era una volta un giovane principe,
in un regno lontano e incantevole,
che si innamorò perdutamente di un'umile pastorella,
e ha rinunciato al suo trono per amore.
Era bella e semplice,
un fiore di campo che lo affascinava,
e sebbene la sua famiglia non abbia accettato questa unione,
era disposto a fare qualsiasi cosa per amore.
Il principe abbandonò la sua ricchezza e il suo potere,
e se ne andò lontano con la sua amata pastorella,
di vivere una vita semplice e amorevole,
in un luogo dove nessuno potesse giudicarli.
Ma la vita in povertà non era facile,
il principe non si è mai pentito della sua scelta,
e divenne un simbolo di amore e sacrificio,
per tutti coloro che credono nel vero amore.
Quindi, se sentite che l'amore vi sta chiamando,
ricordare la storia di un principe coraggioso,
che ha rinunciato a tutto per amore di una pastorella,
e ha trovato la felicità in un mondo diverso.

Il fuoco che può fare tutto

L'amore è un fuoco che brucia,
che brucia nel profondo del cuore,
una fiamma che illumina tutto ciò che tocca,
e questa sembra una canzone dolce.
L'amore è un legame che unisce,
due anime in un unico essere,
un sentimento che non muore mai,
e questo ci fa credere.
Credere nel potere dell'amore,
nella forza della passione,
nella dolcezza di un bacio,
e nell'emozione di una canzone.
L'amore è un dono divino,
che ci riempie di felicità,
una forza che ci sostiene,
e ci dà la forza di andare avanti.
A prescindere da tutto,
l'amore ci sarà sempre,
una luce brillante nell'oscurità,
e un motivo per sorridere.
Quindi lasciatevi trasportare dall'amore,
sentire il suo fuoco nel cuore,
lasciate che vi riempia di passione,
e sentire la felicità dentro di voi.

Il vero amore

Nell'antica Sumer,
nel regno del grande Nenrob,
ha vissuto una coppia di innamorati,
che ha lottato per il suo amore.
Era una bella fanciulla,
figlia del potente re,
e lui, un umile lavoratore,
con un cuore pieno di fede.
Nonostante le differenze,
il loro amore era vero,
e insieme hanno sognato un futuro,
in cui sarebbero stati uniti per sempre.
Ma la felicità non durò a lungo,
perché il re Nenrob non avrebbe accettato,
sua figlia a sposare un operaio,
e la sua furia si scatenò.
Ha ordinato la morte dell'amato,
e la fanciulla pianse senza sosta,
per il suo amore era stato punito,
e non avrebbe mai potuto amare di nuovo.
La tristezza si impadronì del suo essere,
e il suo cuore smise di battere,
per la morte del suo amato,
era la fine della sua esistenza.
Così finì la loro storia d'amore,
una tragedia dell'antica Sumeria,
che ci ricorda che il vero amore,

non sempre riesce nella vita seria.

Ecco perché ci amiamo

L'amore incondizionato è l'amore più puro,
una sensazione totalizzante,
che con la sua forza ci rende più forti,
e ci porta a toccare la felicità.
Ma a volte, sulla strada dell'amore,
Il tradimento e l'inganno sono in agguato,
e la nostra anima, che pensava di essere felice,
è rotto, ferito e senza speranza.
Allora la vendetta può sembrare dolce,
un balsamo per il nostro dolore,
ma il suo sapore è amaro e ingrato,
e ci lascia con più dolore di prima.
Quindi, che l'amore incondizionato sia amore incondizionato,
ci guidano sulla strada della felicità,
e anche se il dolore ci ferisce e ci tradisce,
ricordiamoci che c'è sempre una luce alla fine del tunnel.

Amore e dispetto

Amore e dispetto, due facce della stessa medaglia,
in un gioco di emozioni che ci portano all'abisso,
dove l'amore che un tempo brillava come un sole,
si spegne e muore come una fiamma nel vento.
Il dispetto si impossessa del nostro cuore,
e ci fa desiderare vendetta e dolore,
desiderio di oblio e indifferenza,
che ci permettono di andare avanti senza paura.
Ma anche così, l'amore è ancora presente,
come una ferita che non si rimargina,
un ricordo che ci ferisce l'anima,
e ci fa dubitare che possa mai tornare.
Lasciamo quindi da parte dispetti e rancori,
e che l'amore si rinnovi,
che la fiamma arda di nuovo nel nostro essere,
e che la felicità possa sbocciare di nuovo.

Fedeltà in voi

Quando l'amore è disprezzato,

e i sentimenti non sono ricambiati,

il cuore può essere spezzato,

e la tristezza può sembrare l'unico destino.

Ma se siete fedeli ai vostri sentimenti,

e mantenere la propria dignità e integrità,

anche se la delusione e il disprezzo sono il pane quotidiano,

non perdere mai la fiducia nell'amore e nella gentilezza.

La lealtà verso se stessi è la chiave,

per superare il dolore e il disprezzo,

e anche se la ferita può richiedere tempo per guarire,

non perdere mai la fiducia nell'amore e nel tuo cuore sincero.

Perché l'amore è una forza potente,

che può guarire anche le ferite più profonde,

e anche se non è sempre ricambiato,

rimane la luce che guida nelle tenebre più profonde.

Quindi non perdete la speranza e la fede,

e tenere sempre il cuore al posto giusto,

perché il vero amore prevarrà sempre,

e il disprezzo e la delusione saranno presto dimenticati.

I miti del regno dell'amore

In tempi antichi, in un regno lontano,
c'era una dea della bellezza e dell'amore,
il cui cuore desiderava trovare un compagno
che potesse eguagliare il suo ardore.
Ma l'amore non era facile per lei,
perché era una dea immortale,
e i mortali ne temevano il potere e la brillantezza,
e non osava mai avvicinarsi a lei.
Un giorno, mentre passeggiava in un giardino incantato,
la dea trovò un giovane pastorello,
il cui cuore batteva con intensità,
che sembrava corrispondere alla fiamma del suo stesso amore.
Anche se sapeva che un amore tra loro era impossibile,
la dea si innamorò perdutamente del pastore,
e insieme hanno condiviso momenti di felicità,
che solo il vero amore può garantire.
Ma il re degli dei, geloso del suo amore,
ordinò alla dea e al pastore di separarsi,
e che la dea avrebbe dimenticato il suo amore mortale,
e tornare al suo posto nel firmamento stellare.
Nonostante la separazione forzata,
la dea non dimenticò mai il suo amore per il pastore,
e la sua presenza nel cielo notturno,
Ricorderei sempre con onore il loro amore.
E anche se il pastore invecchiò e morì,
il suo amore per la dea non si è mai spento,
e ogni notte, quando la dea brilla nel cielo,

l'amore che condividevano traspare, intenso e

28

.

Luci e ombre

In un mondo di luci e ombre
dove l'amore si nasconde tra le rocce,
una brezza fresca sussurra all'orecchio,
promettendo un domani senza conflitti.
Gli uccelli volano liberi nel cielo,
cantando melodie di gioia e conforto,
mentre i fiori dai colori vivaci
abbelliscono radiosamente il paesaggio.
Il sole splende forte, riscaldando la pelle,
e la vita scorre come un fiume senza fine,
in questo mondo dove tutto è possibile,
e il futuro è pieno di promesse impossibili.
Quindi andate avanti, camminate senza paura,
perché la strada per la felicità è sempre vicina,
e ad ogni passo che farete, sarete sempre più vicini,
per trovare l'amore e la pace che desiderate.

Paure

In un'epoca in cui la ricchezza era la legge,
sposarsi era difficile senza avere molto da offrire,
ma per coloro che avevano solo amore,
trovare qualcuno è stato impegnativo e doloroso.
Il denaro e i titoli erano i più importanti,
e quelli senza sono stati considerati meno rilevanti,
ma l'amore non conosce né titoli né ricchezza,
e nei cuori poveri c'è anche la bellezza.
Così quelli che avevano solo il loro amore,
Hanno cercato senza sosta qualcuno che comprendesse il loro valore,
qualcuno che ha conosciuto il vero amore,
non si misura con la ricchezza o il denaro.
E sebbene le difficoltà fossero molte,
l'amore ha sempre trovato un modo per reagire,
e alla fine c'era sempre qualcuno di speciale,
che accettavano l'altro indipendentemente dal suo status sociale.
Perché alla fine ciò che conta di più è l'amore,
e coloro che la possiedono sono benedetti al di sopra di ogni valore,
e mentre la ricchezza può portare conforto e benessere,
Il vero amore è quello che vi farà davvero prosperare.

Vi auguro

Caro lettore, lascia che ti ispiri,
con parole che vengono dal cuore,
Vi accompagnerò in un viaggio di emozioni,
in un mondo pieno di passione.
Parlerò di amori eterni,
che trascendono il tempo e lo spazio,
di baci morbidi e teneri,
di sguardi pieni di luminosità e amore.
Vi racconterò delle lacrime versate,
per un amore che non c'è più,
della tristezza che ci invade,
quando il cuore è spezzato.
Ma vi parlerò anche della felicità,
di quei momenti che ci fanno vibrare,
dell'illusione che ci fa sognare,
e ci dà la forza di combattere.
Vi invito a seguirmi in questo cammino,
in cui le parole sono il cibo,
in cui si liberano le emozioni,
e il cuore batte con fervore e sentimento.
Che la mia poesia possa risvegliare in voi qualcosa di speciale,
una scintilla che fa sognare,
un ricordo che fa sorridere,
o una lacrima che ti fa ricordare.
Così, caro lettore, concludo la mia poesia,
nella speranza di aver raggiunto la vostra anima,
e hanno lasciato un'impronta nel vostro cuore,

che durerà per sempre, senza alcuna calma.

Amore puro

Nel silenzio della notte,
sotto un cielo pieno di stelle,
due anime si sono incontrate,
uniti in un amore senza confini.
Si guardarono negli occhi,
e si raccontavano tutto senza parlare,
I loro sguardi si sono capiti,
in una lingua che solo loro potevano parlare.
Il tempo è volato,
ma non se ne rendevano conto,
perché erano persi nel loro mondo,
nel loro amore che li ha resi forti.
Si amavano ogni giorno di più,
e questo li ha fatti piangere,
perché sapevano che non ci sarebbe stato un altro amore,
che potesse essere pura come quella che condividevano.
E così, al chiaro di luna,
si abbracciarono strettamente,
perché lo sapevano insieme,
poteva affrontare qualsiasi avversità.
Perché l'amore che provavano,
era più forte di qualsiasi tempesta,
e anche se il tempo è passato,
il loro amore avrebbe continuato a brillare nell'oscurità.

Non mi amava

Nell'oscurità della mia anima,
Sento che tutto è svanito,
ogni lotta, ogni sforzo, ogni speranza,
è stato vano, tutto è perduto.
Il mondo sta crollando intorno a me,
e sento che nulla ha senso,
ogni passo che faccio, ogni sogno che inseguo,
sembrano destinati all'oblio.
In quel vuoto, in quella solitudine,
Pensavo di aver trovato la luce,
una luce chiamata amore, una luce che brillava,
ma si è rivelata solo un'illusione.
Quella persona che diceva di amarmi,
che ha promesso di essere sempre al mio fianco,
se n'è andato quando avevo più bisogno di lui,
lasciandomi solo con il mio dolore e il loro abbandono.
Ora capisco che non mi ha mai amato,
che stava con me solo per convenienza,
che non sono mai stata più di un oggetto del loro interesse,
e che non significava nulla per lei.
La mancanza di speranza mi abbraccia,
Il dolore mi soffoca, la solitudine mi divora,
e mi chiedo se troverò mai la felicità,
o se la mia vita è destinata a essere una lotta costante.
Ma nonostante ciò, continuo ad andare avanti,
nella speranza che un giorno
Troverò un raggio di luce in mezzo a tanta oscurità,

e potrò di nuovo sognare e credere nella vita.

Anima in pena

Il cuore batte per il dolore e il lutto,
quando arriva il momento della separazione,
lasciare l'amore della propria vita per un obbligo,
e temere di non vedere mai più la sua espressione.
Le lacrime scorrono negli occhi addolorati,
la tristezza opprime e l'anima è desolata,
sapendo che la partita è stata decisa,
e l'incertezza incombe come una spada.
L'amore che lasciamo è come un tesoro,
che si porta nel profondo del cuore,
desiderare la sua presenza ogni giorno e ogni ora,
e che non vede l'ora che l'occasione ritorni presto.
La guerra o le minacce sono situazioni crudeli,
che ci separano senza pietà dalla persona amata,
e anche se il tempo passa, il dolore rimane fedele,
e ci accompagna come un'ombra nella solitudine.
È difficile lasciare andare l'amore della nostra vita,
perché abbiamo lasciato un pezzo di noi stessi con lui,
e anche se il dovere chiama, la ferita è ancora aperta,
e ci fa desiderare la sua presenza con grande desiderio.
Ma nonostante il dolore e la tristezza che proviamo,
l'amore che ci lega non morirà mai,
e ci sarà sempre un posto nel nostro cuore,
per l'amore che lasciamo.

Nell'ombra della tua anima

Nel silenzio della notte buia
si sentono i singhiozzi della mia anima
che piange per l'amore perduto
e per i sogni fatti a pezzi.
Il mio cuore è vuoto
come un deserto senza oasi
e la mia mente è un turbine
di dolore e tristezza infiniti.
La solitudine è la mia compagna
su questa strada senza meta
e il freddo della notte mi abbraccia
come ricordo del mio dolore.
L'amore che pensavo fosse eterno
svanito come fumo
e ora sono qui da solo
con nient'altro che il mio dolore.
Il mio cuore sanguina in silenzio
e le mie lacrime sono il mio conforto
in questa notte straziante
dove il dolore è il mio unico compagno.

Cosa può fare

L'amore ha un potere ineguagliabile
che può trasformare l'anima più oscura
e far brillare la luce nel cuore
dell'essere più malvagio e dal cuore tenero.
L'amore è come il sole in primavera
che risveglia i fiori dell'inverno

e dà loro la forza di prosperare
nonostante il freddo perenne.
L'amore è capace di rinascere
l'anima stanca e senza speranza
e riempirlo di vita e di gioia
di credere di nuovo nella bonanza.
L'amore è la forza guida
sulla strada della felicità
e ci mostra che anche il più malvagio
può cambiare e trovare la bontà.
Perché l'amore non ha limiti
senza confini, senza status
e può raggiungere gli angoli più oscuri del mondo
per illuminare con il suo caldo bagliore.
Non perdete quindi la fiducia nel potere dell'amore.
per cambiare un'anima o un cuore
perché la sua forza è vera ed eterna
e può sempre portare trasformazione.

Un amore irreale

Il dolore ci avvicina,
sapendo che non ti incontrerò mai di persona,
fa male nella mia anima e si sente nella mia persona.
Sono povero e ho paura che pensi male,
che la mia mancanza di risorse la rende giudicante,
ma non posso fare a meno di amarla,
e incontrarla tramite lettere in una chat room.
Le tue parole mi trasportano
in un luogo lontano e bellissimo,
dove l'amore è possibile
e la paura non ha pace.
Anche se la distanza ci separa
e la paura ci fa dubitare,
l'amore che provo per lei
è più forte e non posso tacere.
Quindi continuerò a scrivere
e sognare la sua presenza,
perché anche se non posso vederla di persona,
la sua anima fa già parte della mia esistenza.
E così, attraverso le lettere,
continueremo a costruire la nostra storia,
un amore che supera le distanze,
e ci conduce alla vittoria.

Distanza

La distanza ci allontana l'uno dall'altro,
ma il nostro amore non svanisce,

sappiamo che non ci toccheremo mai,
ma questo non significa che la nostra fede non crescerà.
Ma a volte siamo sopraffatti dal dolore,
e la solitudine ci fa desiderare,
sappiamo che il nostro amore è forte,
e che insieme saremo sempre.
Anche se i nostri corpi non si incontreranno mai,
le nostre anime si uniscono in un abbraccio,
e così, in lontananza,
costruiamo un amore che non si disfa mai.
Non importa quanto tempo passa,
non importa quanto siamo lontani l'uno dall'altro,
perché il nostro amore è eterno,
e rimarrà sempre nel profondo.
Quindi, anche se la distanza ci separa,
il nostro amore ci unisce nella stessa realtà,
e così via, nell'universo delle lettere,
continuiamo a costruire la nostra felicità.

Una ferita nell'anima

Il tradimento è una ferita profonda,

che trafigge l'anima senza pietà,

fa più male di una coltellata,

e lascia il cuore spezzato dalla solitudine.

Quando qualcuno che ami ti tradisce,

e gioca con i vostri sentimenti senza pietà,

si ha la sensazione che il mondo stia crollando,

e la fiducia che si aveva in quella persona viene meno.

Le lacrime inondano gli occhi,

e il dolore consuma il cuore,

ci si chiede ripetutamente perché,

e ci si rende conto che il tradimento è la peggiore delle delusioni.

Il tradimento è come un'ombra scura,

che vi segue ovunque andiate,

e anche se si cerca di dimenticare, il ricordo permane,

e il dolore e la tristezza non svaniscono mai del tutto.

Ma nonostante la sofferenza,

è importante ricordare che siete forti,

e che anche se il tradimento vi ha ferito,

avete la capacità di amare di nuovo, di rimettervi in piedi.

Quindi non lasciate che il tradimento vi distrugga,

non lasciate che il dolore vi consumi,

ricordate sempre che siete coraggiosi e potenti,

e che il vero amore trionfa sempre.

Tristezza

Sento il peso del dolore nel petto,

un peso che mi opprime e non mi lascia in pace,

Mi sento come se la mia anima fosse a pezzi,

e il cuore spezzato in mille pezzi.

Le lacrime mi scorrono sulle guance,

come un fiume che non si ferma,

il mio corpo rabbrividisce a ogni singhiozzo,

e la mia mente si perde in un mare di ricordi tristi.

La tristezza mi avvolge come una coperta fredda,

e sento che non c'è scampo,

Mi sento intrappolato in un labirinto oscuro,

senza via d'uscita, senza luce, senza speranza.

Vorrei urlare e strapparmi i vestiti,

liberare tutta la rabbia e il dolore che ho dentro,

ma le parole mi si strozzano in gola,

e il silenzio è la mia unica compagnia.

È difficile andare avanti,

quando tutto sembra perduto,

ma so che ad un certo punto,

il sole tornerà a splendere nel mio cielo grigio.

Fino ad allora, continuerò a piangere,

liberando il dolore che mi consuma,

sperando che un giorno,

trovare la pace che desidero e che mi consuma così tanto.

Speranza

La speranza è la fiamma che non si spegne mai,
è la forza che ci spinge ad andare avanti,
è il motore che ci spinge a raggiungere i nostri obiettivi,
e di conquistare i nostri sogni più grandi e importanti.
La speranza è il respiro che ci dà la vita,
quando tutto sembra perso e buio,
è l'abbraccio che ci conforta,
quando ci sentiamo soli e sconfortati per il futuro.
E anche se ci sono ostacoli e sfide lungo il percorso,
nulla può fermarci se abbiamo la speranza nel cuore,
perché quando vogliamo qualcosa con tutte le nostre forze,
niente e nessuno potrà rubare la nostra illusione.
La speranza ci dà la forza di cui abbiamo bisogno,
di andare avanti e di non arrendersi mai,
ci fa credere che tutto è possibile,
se combattiamo con coraggio e senza paura.
Quindi, se avete un sogno che volete realizzare,
non perdere la speranza e continuare a lottare con forza e coraggio,
perché con fede e perseveranza,
nulla al mondo può impedirvi di realizzare tutto ciò che desiderate
con amore.

Eterno nemico

A volte il cuore chiede amore e compagnia,
e desideriamo trovare qualcuno con cui condividere la vita,
ma la strada dell'amore non è sempre facile,
e a volte ci fa soffrire e ci riempie di tristezza e malinconia.
Ma anche se la paura e la solitudine ci invadono,
non dobbiamo perdere la speranza di trovare il vero amore,
perché l'amore è un sentimento che ci completa e ci rende felici,
ed è la chiave che apre la porta a un futuro migliore.
Tuttavia, non tutti siamo nati per amare,
e a volte è meglio essere soli che in cattiva compagnia,
perché l'amore è una scelta e non un obbligo,
e non è giusto costringerci ad amare se non sentiamo la passione.
È meglio accettare la solitudine con gratitudine e rispetto,
e godere della libertà che la solitudine ci regala,
perché la vita è una strada piena di alti e bassi,
e ognuno deve scegliere la propria strada con coraggio.
Quindi, se l'amore non è ancora entrato nella vostra vita,
non preoccuparsi o essere ansiosi di rimanere da soli,
godetevi la vostra libertà e vivete ogni momento con gioia,
perché la felicità non dipende da qualcun altro, ma da se stessi.

Prova

Amare è un atto di coraggio,
un salto nel vuoto non garantito,
un rischio che molti hanno paura di correre,
per paura di essere feriti senza pietà.
Ma l'amore è un sentimento bellissimo,
in grado di riempirci di gioia e felicità,
per farci sentire vivi e appagati,
e di mostrarci il mondo con gratitudine.
Nonostante ciò, la paura di amare è reale,
e la paura di essere feriti ci fa esitare,
ci impedisce di donarci senza riserve,
e ci allontana dalla felicità che desideriamo.
Ma dobbiamo ricordare che il vero amore è puro,
non c'è niente di più potente al mondo,
e anche se la ferita del tradimento può far male,
è più doloroso non aver mai amato con fervore.
Quindi non cedete alla paura dell'amore,
lasciate che i vostri sentimenti fluiscano senza sosta,
perché anche se il rischio di delusione è reale,
L'amore è l'unica chiave che apre la porta della felicità.
Ricordate che l'amore è un dono,
che si può dare solo con il cuore,
e anche se abbiamo paura di essere feriti,
è meglio provare che rimanere con il dubbio e il dolore.

Paure

Le paure umane sono oscure,
si nascondono nell'ombra della mente,
come una nuvola onnicomprensiva,
spegnendo la luce che ci fa vivere.
La paura del fallimento ci paralizza,
Temiamo di non essere all'altezza del compito,
e non riuscire a raggiungere l'obiettivo desiderato,
e rimanere bloccati sulla riva della vita.
La paura della solitudine ci terrorizza,
sentiamo che nessuno ci vuole intorno,
e il vuoto nel nostro petto diventa grande,
come un buco nero che ci inghiotte.
La paura della morte ci perseguita,
ci fa sentire vulnerabili e indifesi,
e la certezza che un giorno arriverà,
ci scuote nel profondo.
E così, le paure degli esseri umani,
Ci allontanano da ciò che conta davvero,
lasciandoci in un abisso di tristezza,
senza sapere come fuggire da quella prigione.

Una lacrima d'addio

L'addio è avvenuto con le lacrime agli occhi,

la tua partenza ha lasciato un vuoto nella mia anima,

Non so dove andrete, quali strade percorrerete,

Ho paura dell'ignoto che vi aspetta.

La paura mi divora e mi fa tremare,

Non voglio perdere ciò che ho amato così tanto,

Mi sono aggrappato a te con tutte le mie forze,

e ora è difficile per me lasciarti andare e lasciarti andare.

So che non tornerai mai da me,

che il vostro amore ora appartiene a qualcun altro,

e il dolore nel petto continua a crescere,

sapendo che un altro nel suo corpo ti bacerà.

Il pensiero che di altre propaggini avrà,

mi fa sentire come se mi stessero strappando il cuore,

e anche se so che devo lasciarlo andare,

l'amore che ho provato per te vivrà sempre in me.

Così ora, con un groppo in gola,

Vi dico addio con il cuore spezzato,

sperando che nel vostro cammino possiate trovare la felicità,

e che un giorno, forse, perdonerai la mia debolezza.

Grazie mamma

Madre, tu sei il mio sole
che illumina il mio cammino
tra le tue braccia trovo l'amore
che mi fa sentire come un bambino.
Sei il mio scudo protettivo
in te trovo sicurezza
mi hai insegnato ad essere coraggioso
e non mi hai mai lasciato cadere.
Il vostro amore è il più puro e sincero
non mi giudichi mai, mi accetti sempre
sei la mia guida e la mia ispirazione
grazie per essere la mia eterna compagna.

Amore per la famiglia

La famiglia è la mia forza
il mio rifugio nei momenti difficili
tra le sue braccia trovo conforto
e nel suo amore, il più grande dei doni.
Insieme, siamo una squadra
che ti sta accanto nella buona e nella cattiva sorte
celebriamo i successi e i trionfi
e ci alziamo insieme dalle nostre cadute.
Nella nostra unità troviamo la forza
per superare qualsiasi avversità
il nostro amore è infinito
e saremo sempre insieme nella felicità.

L'amore di coppia

In te trovo la mia felicità
la mia anima gemella, la mia metà migliore
il tuo amore è il mio tesoro più grande
e tra le tue braccia trovo la pace.
Insieme, siamo una squadra perfetta
che è supportato in ogni momento
il nostro amore è un fuoco eterno
che ci tiene sempre uniti.
Nel tuo sorriso trovo la speranza
e nei tuoi occhi vedo il mio futuro
il nostro amore è il più grande dei doni
e non perderà mai la sua luminosità e il suo splendore.

La vita

La vita è un'avventura
e l'amore è la nostra guida
in vostra compagnia trovo
la forza di andare avanti ogni giorno.
Sei il mio complice nella gioia
e nella tristezza il mio conforto
il tuo amore è il mio più grande desiderio
e insieme costruiamo il nostro sogno.
Nei tuoi occhi trovo la pace
che mi fa sentire completo
tra le tue braccia trovo l'amore
che mi riempie completamente.
Insieme, attraversiamo la vita
superare gli ostacoli lungo il percorso
il nostro amore è il più forte
e non perderà mai il suo splendore e il suo destino.
Ti amo con tutto il mio essere
sei il mio tutto, il mio sole all'alba
il nostro amore è un tesoro senza pari
e sarà sempre presente nella nostra casa.

52

Grazie

Fin